2014 개편 국어교과서

원고지 쓰기를 겸한
글씨 바로 쓰기

3-1
편집부편

와이 앤 엠

차 례

- 미술 시간 4

  1. 제목 쓰기 7

  2. 소속 쓰기 11

  3. 시의 본문 쓰기 12

- 퐁퐁이와 툴툴이 14

  4. 본문 쓰기 23

- 도깨비를 골탕 먹인 농부 25

  5. 앞칸 비우기 35

- 이가 없는 동물 37

- 종이컵 이야기 50

- 아씨방 일곱 동무 59

  6. 본문 쓰기(대화 쓰기 1) 70

- 무녀리네 엄마 개순이 72

  7. 본문 쓰기(대화 쓰기 2) 89

- 짜장, 짬뽕, 탕수육 91

  8. 끝칸 쓰기 105

- 꼴찌라도 괜찮아 107

- 내 동생 싸게 팔아요 118

2014 개편 국어교과서

원고지 쓰기를 겸한
글씨 바로 쓰기
3-1

글을 읽고 다음에 예쁘게 따라 써보세요.

국어 가-7쪽

미술 시간

하얀 도화지에

파란 하늘 그리고

푸른 바다 그린다.

어느새 나는

갈매기되어

너울너울

푸른 도화지 위를 날고 있다.

원고지 쓰기를 생각하며 바르게 따라 써 보세요.

미술 시간

하얀 도화지에

파란 하늘 그리
고

푸른 바다 그린
다.

어느새 나는

갈매기 되어

너울너울

푸른 도화지 위

를 날고 있다.

원고지 쓰기

1. 제목 쓰기

제목은 첫째 줄을 비우고 둘째 줄의 중앙에 씁니다.

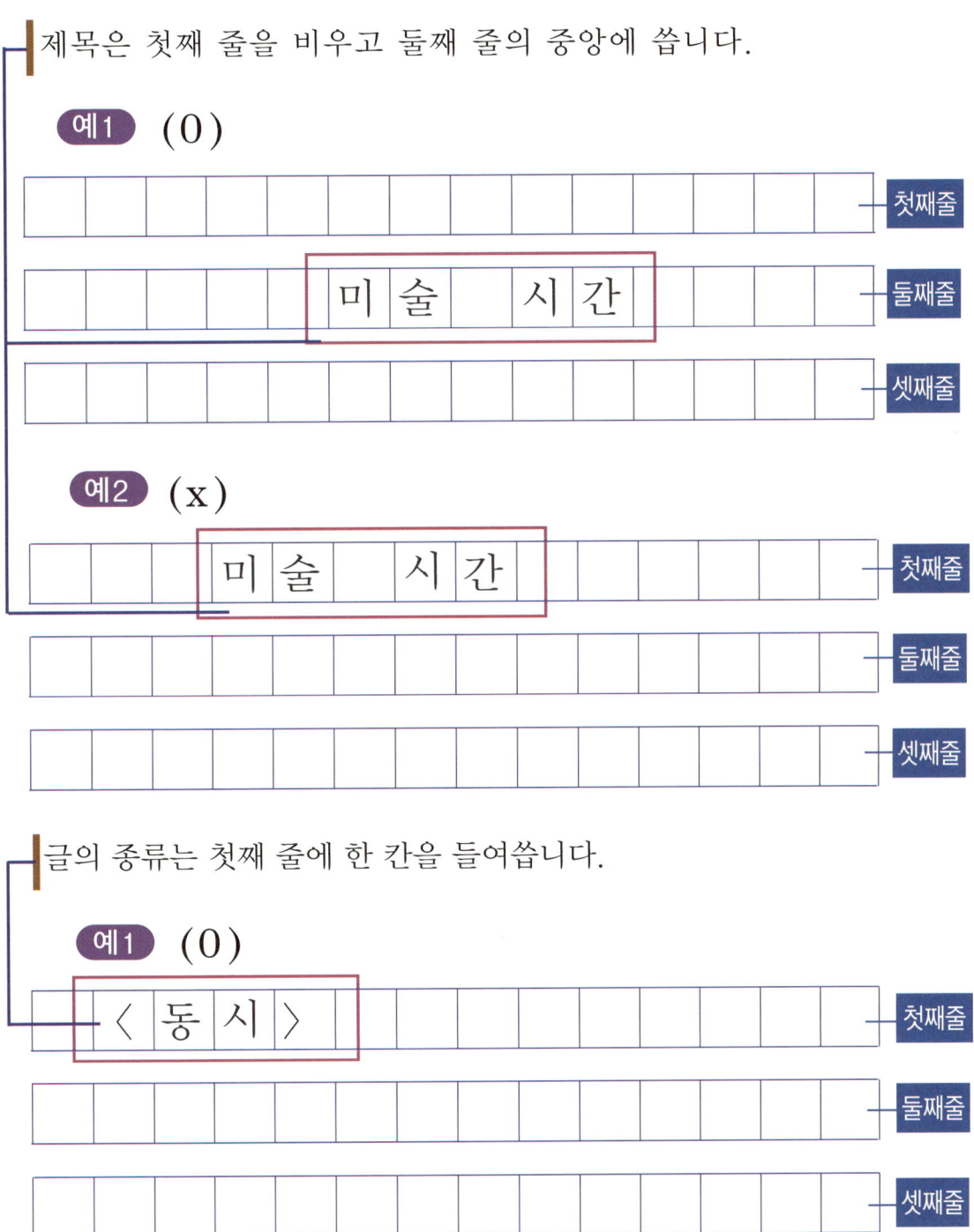

🐟 글을 읽고 다음에 예쁘게 따라 써보세요.

> 국어 가 7쪽

봄 오는 소리

별빛도 소곤소곤
상추씨도 소곤소곤

물오른 살구나무
꽃가지도 소곤소곤

밤새 내
내 귀가 가려워
잠이 오지 않습니다.

원고지 쓰기를 생각하며 바르게 따라 써 보세요.

		봄	오는		소리		
		별빛도		소곤소곤			
		상추씨도		소곤소			
곤							
		물오른		살구나무			
		꽃가지도		소곤소			
곤							

밤새 내

내 귀가 가려워

잠이 오지 않습

니다.

원고지 쓰기

2. 소속 쓰기

학교, 반, 이름 등은 제목 아래서 한 줄 비우고 다음 칸에 씁니다. 이때 왼쪽 두 칸을 비우도록 써야합니다.

원고지 쓰기

3. 시의 본문 쓰기

동시는 두 칸을 들여 씁니다.

예1

		봄		오	는		소	리	
						정	완	영	
		별	빛	도		소	곤	소	곤
		상	추	씨	도		소	곤	소	곤
		물	오	른		살	구	나	무
		꽃	가	지	도		소	곤	소	곤
		밤	새		내				

첫째칸
둘째칸

원고지 쓰기

그러나 한 줄을 모두 채우고 줄을 바꿔 이어 쓸 때는 한 자가 앞으로 나와야 합니다(이어 시작할 때는 한 칸만 비우고 씁니다).

예2

		물	새	알	,	산	새	알	
		물	새	는					
		물	새	라	서		바	닷	가		모	래	밭
에									
		알	을		낳	는	다	.	
		산	새	는					
		산	새	라	서		수	풀		둥	지		안
에									
		알	을		낳	는	다	.	
		알	락	알	락		얼	룩	진		산	새	알

🐟 글을 읽고 다음에 예쁘게 따라 써보세요.

국어 가-19쪽

퐁퐁이와 툴툴이

숲 속에 퐁퐁이와 툴툴이라는 두 개의 옹달샘이 있어요. 두 옹달샘에는 종달새의 고운 소리도 담겨 있고, 파란 하늘도 담겨 있어요.

"아, 나는 샘물로 가득 차 있는 내 가슴이 좋아. 누구든지 내 모습을 망가뜨리면 혼쭐을 낼 거야."

툴툴이 옹달샘의 말에 퐁퐁이 옹달샘이 말하였어요.
"하지만 우리는 옹달샘인걸. 우리 가슴에 가득 고여 있는 샘물을 숲 속 친구들에게 나누어 주어야 하잖아?"
토끼가 두 귀를 쫑긋거리며 툴툴이 옹달샘에게 달려왔어요.
"싫어, 싫어! 아무에게도 내 물을 주고 싶지 않아. 게다가 너는 털을 떨어뜨릴 수도 있잖아?"
툴툴이 옹달샘은 아무에게도 물을 주지 않았어요. 하지만 퐁퐁이 옹달샘은 토끼에게 가슴 속 물을 넉넉히 나누어 주었어요.
"마음껏 마시렴."
샘물에 목을 축인 토끼는 숲 속을 깡충깡충 뛰어다녔어요.
가을이 되었어요. 한 잎, 두 잎, 나뭇잎이 바람에 떨어지기 시작하였어요.

원고지 쓰기를 생각하며 바르게 따라 써 보세요.

		퐁	퐁	이	와		툴	툴	이
					글	:	조	성	자
	숲		속	에		퐁	퐁	이	와
툴	툴	이	라	는		두		개	의
옹	달	샘	이		있	어	요	.	두
옹	달	샘	에	는		종	달	새	의
고	운		소	리	도		담	겨	

있고, 파란 하늘도
담겨 있어요.
"아, 나는 샘물로
가득 차 있는. 내
가슴이 좋아. 누구
든지 내 모습을
망가뜨리면 혼쭐을

낼 거야."

툴툴이 옹달샘의

말에 퐁퐁이 옹달샘

이 말하였어요.

"하지만 우리는

옹달샘인걸. 우리

가슴에 가득 고여

있는 샘물을 숲 속 친구들에게 나누어 주어야 하잖아?"

토끼가 두 귀를 쫑긋거리며 툴툴이 옹달샘에게 달려왔어

요.

"싫어, 싫어! 아무에게도 내 물을 주고 싶지 않아. 게다가 너는 털을 떨어뜨릴 수도 있잖아?"

툴툴이 옹달샘은 아무에게도 물을 주지 않았어요. 하지만 퐁퐁이 옹달샘은 토끼에게 가슴 속 물을 넉넉히 나누어 주었어요.

"마음껏 마시렴."

샘물에 목을 축인 토끼는 숲 속을 깡충깡충 뛰어다녔어요.

가을이 되었어요.

한 잎, 두 잎, 나뭇잎이 바람에 떨어지

원고지 쓰기

4. 본문 쓰기

> 본문은 소속 다음에 한 줄 띄고 쓰며, 이때 첫째 칸을 비우고 둘째 칸부터 씁니다.

예1 (0)

원고지 쓰기

글자는 한 칸에 한 자씩만 씁니다.

예2 (x)

	퐁	퐁	이	와		툴	툴	이	
				글		조	성	자	
	숲		속	에		퐁	퐁	이	와	툴	툴	이
라	는		두		개	의		옹	달	샘	이		있
어	요	.	두		옹	달	샘	에	는		종	달	새
의		고	운		소	리도		담	겨		있	고	,
파	란		하	늘	도		담	겨		있	어	요	.
	"	아	,	나	는		샘	물	로		가	득	
차		있	는		내		가	슴	이		좋	아	

글을 읽고 다음에 예쁘게 따라 써보세요.

국어 가-25쪽

도깨비를 골탕 먹인 농부

옛날에 아주 부지런하고 지혜로운 농부가 살고 있었어. 하루는 밭을 일구고 있었지. 땀을 뻘뻘 흘리면서 괭이로 돌을 골라냈어. 그런데 옆 동굴에 사는 심술쟁이 도깨비가 심술을 부렸지.

"에잇, 시끄러워 못 살겠네. 이 도깨비 어르신의 단잠을 방해하는 녀석을 반드시 혼내 주고 말 테야."

이런 도깨비의 마음을 모르는 농부는 열심히 괭이질만 하였지.

"여차, 여차."

해가 뉘엿뉘엿 넘어가자 농부는 일을 마치고 집으로 돌아갔지. 도깨비는 슬그머니 농부의 뒤를 따라갔어.

집에 들어서는 농부를 그의 아내는 반갑게 맞아 주었어.

"여보, 일하느라 고생이 많았어요. 어서 들어와서 쉬세요."

농부를 반갑게 맞이하는 아내를 본 도깨비는 더욱 심술이 났지.

"난 말이야, 사람들이 재미있고 행복하게 사는 걸 보면 화가 나. 두고 봐라! 혼을 내 주고 말 테야."

이튿날, 밭에 갔던 농부는 깜짝 놀랐지. 어제 하루 종일 힘들게 골라낸 돌들이 다시 밭으로 들어와 있는 것이 아니겠어?

'이건 틀림없이 심술궂은 도깨비의 짓이구나. 그렇다면…….'

"누군지 모르지만 이렇게 돌을 많이 가져다 놓았으니 참 고맙기도 하지. 만약 쇠똥이나 거름을 가져다 놓았더라면 큰일 날 뻔했지 뭐야?"

원고지 쓰기를 생각하며 바르게 따라 써 보세요.

도깨비를 골탕

떡인 농부

 옛날에 아주 부지

런하고 지혜로운 농

부가 살고 있었어.

하루는 밭을 일구고

있었지. 땀을 뻘뻘

흘리면서 괭이로 돌을 골라냈어. 그런데 옆 동굴에 사는 심술쟁이 도깨비가 심술을 부렸지.

"에잇, 시끄러워 못 살겠네. 이 도

깨비 어르신의 단잠을 방해하는 너석을 반드시 혼내 주고 말 테야."

 이런 도깨비의 마음을 모르는 농부는 열심히 괭이질만 하였지.

　"여차, 여차."

　해가 뉘였뉘엿 넘어가자 농부는 일을 마치고 집으로 돌아갔지. 도깨비는 슬그머니 농부의 뒤를 따라갔어.
　집에 들어서는 농부를 그의 아내는 반갑게 맞아 주었어.
　"여보, 일하느라 고생이 많았어요. 어서 들어와서 쉬

세요."

　농부를 반갑게 맞이하는 아내를 본 도깨비는 더욱 심술이 났지.

"난 말이야, 사람들이 재미있고 행

복하게 사는 걸 보면 화가 나, 두고 봐라! 혼을 내 주고 말 테야."

 이튿날, 밭에 갔던 농부는 깜짝 놀랐지.
어제 하루 종일 힘

들게 골라낸 돌들이 다시 밭으로 들어와 있는 것이 아니겠어?

'이건 틀림없이. 심술궂은 도깨비의 짓이로구나. 그렇다면…….'

원고지 쓰기

5. 앞칸 비우기

글이 처음 시작될 때, 첫째 칸을 비우고 둘째 칸부터 씁니다.

예1 (O)

	옛	날	에		아	주		부	지	런	하	고	
지	혜	로	운		농	부	가		살	고		있	었
어	.		하	루	는		밭	을		일	구	고	있
었	지	.		땀	을		뻘	뻘		흘	리	면	서
괭	이	로		돌	을		골	라	냈	어	.		그 런

문단이 바뀌어 다음 문단이 시작할 때도 첫째 칸을 비우고 둘째 칸부터 씁니다. 이때 앞 문단의 빈칸은 채우지 않고 비워둡니다.

예2 (O)

심	술	쟁	이		도	깨	비	가		심	술	을	
부	렸	지	.										
	"	에	잇	,		시	끄	러	워		못		살 겠
	네	.		이		도	깨	비		어	르	신	의

원고지 쓰기

여기서 셋째 줄의 '집에..'는 문단이 바뀌므로 둘째 칸에서부터 써야합니다.

예1 (x)

도	깨	비	는		슬	그	머	니		농	부	의
뒤	를		따	라	갔	어	.					
집	에		들	어	서	는		농	부	를		그	의
아	네	는		반	갑	게		맞	아		주	었	어	.
	"	여	보	,		일	하	느	라		고	생	이

예2 (O)

도	깨	비	는		슬	그	머	니		농	부	의
뒤	를		따	라	갔	어	.					
	집	에		들	어	서	는		농	부	를		그
의		아	네	는		반	갑	게		맞	아		주
었	어	.										
	"	여	보	,		일	하	느	라		고	생	이

원고지 쓰기

문단이 바뀔 때는 빈칸이 있어도 그대로 비우고, 줄을 바꾼 뒤 첫째 칸을 비우고 둘째 칸부터 써야 합니다.

예1 (x)

	두	고		봐	라	!		혼	을		내		주
	고		말		테	야	. "		이	튿	날	,	밭
에		갔	던		농	부	는		깜	짝		놀	랐
지	.	어	제		하	루		종	일		힘	들	게
골	라	낸		돌	들	이		다	시		밭	으	로

예2 (O)

	두	고		봐	라	!		혼	을		내		주
	고		말		테	야	. "						
	이	튿	날	,	밭	에		갔	던		농	부	는
깜	짝		놀	랐	지	.	어	제		하	루		종
일		힘	들	게		골	라		낸		돌	들	이
다	시		밭	으	로		돌	아	와		있	는	

🐟 글을 읽고 다음에 예쁘게 따라 써보세요.

국어 가-43쪽

이가 없는 동물

우리가 아는 동물은 대부분 이가 있습니다. 동물은 이로 먹이를 잡거나 씹어서 삼킵니다. 그러나 이가 없는 동물도 많이 있습니다. 이가 없는 동물도 저마다 다른 방법으로 먹이를 먹습니다.

부리로 먹이를 먹는 동물이 있습니다. 독수리는 튼튼하고 끝이 갈고리처럼 구부러진 부리로 먹이를 찢어 먹습니다. 딱따구리는 가볍고 단단한 부리로 구멍을 파 나무에 숨어 있는 곤충을 잡아먹습니다. 그리고 왜가리는 길고 끝이 뾰족한 부리로 머리를 물에 담그지 않고도 먹이를 잡아먹을 수 있습니다.

혀로 먹이를 잡거나 먹는 동물도 있습니다. 카멜레온은 곤봉처럼 생긴 아주 긴 혀를 총처럼 쏘아서 벌레를 잡아 삼킵니다. 두꺼비도 카멜레온보다는 짧지만 길고 넓은 혀로 번개처럼 빠르게 벌레를 잡아 삼킵니다. 달팽이는 치설이라고 하는, 강판처럼 거친 혀로 잎이나 꽃을 갉아 먹습니다. 그리고 개미핥기는 끈끈한 혀로 흰개미를 핥아 먹습니다.

입으로 먹이를 빨아들이거나 물과 함께 마시는 동물도 있습니다. 바다에 사는 해마는 기다란 주둥이 끝에 달린 진공청소기처럼 생긴 긴 입으로 아주 작은 동물을 빨아드립니다. 흰긴수염고래와 같이 고래수염이 있는 고래들은 크릴새우를 바닷물과 함께 들이마십니다. 그런 다음에 물은 고래수염 사이로 뱉어 내고 크릴새우만 걸러서 삼킵니다.

원고지 쓰기를 생각하며 바르게 따라 써 보세요.

이가 없는 동물

우리가 아는 동물은 대부분 이가 있습니다. 동물은 이로 먹이를 잡거나 씹어서 삼킵니다. 그러나 이가 없는 동물도 많이 있습니다. 이가 없는 동물도 저마다 다른 방법으로 먹이를 먹습니다.

 부리로 먹이를 먹는 동물이 있습니다. 독수리는 튼튼하고

끝이 갈고리처럼 구
부러진 부리로 먹이
를 찢어 먹습니다.
딱따구리는 가볍고
단단한 부리로 구멍
을 파 나무에 숨어
있는 곤충을 잡아먹

습니다. 그리고 왜가
리는 길고 끝이 뾰
족한 부리로 머리를
물에 담그지 않고도
먹이를 잡아먹을 수
있습니다.

혀로 먹이를 잡거

나 먹는 동물도 있습니다. 카멜레온은 곤봉처럼 생긴 아주 긴 혀를 총처럼 쏘아서 벌레를 잡아 삼킵니다. 두꺼비도 카멜레온보다는 짧지

만 길고 넓은 혀로
번개처럼 빠르게 벌
레를 잡아 삼킵니다.
달팽이는 치설이라고
하는, 강판처럼 거친
혀로 잎이나 꽃을
갉아 먹습니다. 그리

고 개미핥기는 끈끈한 혀로 흰개미를 핥아 먹습니다.
 입으로 먹이를 빨아들이거나 물과 함께 마시는 동물도 있습니다. 바다에 사는 해마는 기다란 주둥이 끝에 달린 진공청소기처럼 생긴 긴 입으로 아주 작은 동물을 일빨아들입니다. 흰긴수염고래와 같이 고래수염이 있

원고지 쓰기

3. 본문 쓰기(2)

끝 칸에서 낱말이 끝나고 한 칸을 띄어야 할 때도 첫째 칸을 채워 씁니다.

예1 (O)

이	가		없	는		동	물	도		많	습	니	다	v
이	가		없	는		동	물	도		저	마	다		
다	른		방	법	으	로		먹	이	를		먹	습	
니	다	.												

예2와 같은 경우도 '이가', 또는 '다른'을 쓸 때 첫째 칸을 띄면 안 됩니다.

예2 (x)

이	가		없	는		동	물	도		많	습	니	다
.	이	가		없	는		동	물	도		저	마	다
v	다	른		방	법	으	로		먹	이	를		먹
습	니	다	.										

원고지 쓰기

이야기가 바뀌고(문단이 바뀌고) 다른 내용이 시작할 때에도 첫째 칸은 비웁니다. 예1에서도 '부리로'를 쓸 때 첫째 칸을 비우고 둘째 칸부터 써야 맞습니다.

예1 (x)

많	이		있	습	니	다	.	이	가		없	는
동	물	도		저	마	다		다	른		방	법	으
로		먹	이	를		먹	습	니	다	.		
부	리	로		먹	이	를		먹	는		동	물	이
있	습	니	다	.		독	수	리	는		튼	튼	하	고
끝	이		갈	고	리	처	럼		구	부	러	진

예1 (O)

많	이		있	습	니	다	.	이	가		없	는
동	물	도		저	마	다		다	른		방	법	으
로		먹	이	를		먹	습	니	다	.		
	부	리	로		먹	이	를		먹	는		동	물
이		있	습	니	다	.		독	수	리	는		튼	튼
하	고		끝	이		갈	고	리	처	럼		구	부

49

글을 읽고 다음에 예쁘게 따라 써보세요.

국어 가-48쪽

종이컵 이야기

　종이컵은 편리하게 컵을 사용하기 위하여 발명되었습니다. 종이컵은 유리컵과는 달리 쉽게 깨지지 않기 때문에 어린아이나 할아버지, 할머니께는 아주 편리한 물건입니다. 그리고 종이컵은 씻지 않아도 되기 때문에 간편하게 사용할 수 있습니다.

종이컵을 만들기 위해서는 여러 가지 재료가 필요합니다. 먼저, 종이의 원료가 되는 나무가 필요합니다. 그리고 물이 필요합니다. 종이컵 한 개를 만들려면 우리가 학교에서 마시는 우유 한 갑의 양만큼 물이 있어야 합니다. 종이컵을 많이 쓰면 쓸수록 나무와 물이 점점 많이 소모됩니다. 그러니까 종이컵을 쓰면 나무와 물도 그만큼 많이 쓰게 되는 것입니다.

사용한 종이컵은 재활용할 수 있습니다. 종이컵을 재활용하여 화장지나 종이봉투 등 다른 물건을 만들 수 있습니다. 종이컵 예순다섯 개로 화장지 한 개를 만들 수 있습니다. 그래서 종이컵을 재활용하면 숲을 살릴 수 있습니다. 종이컵의 재료가 되는 나무를 베지 않아도 되기 때문입니다.

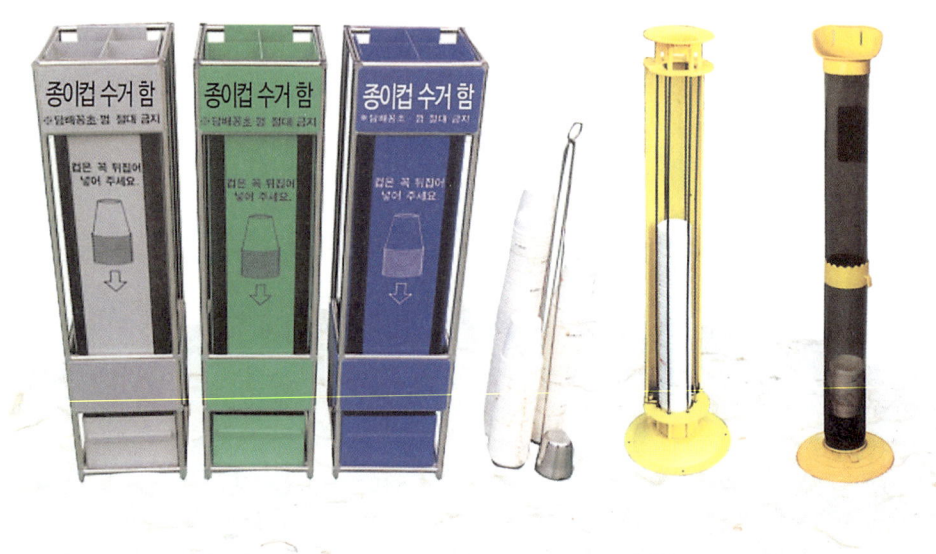

원고지 쓰기를 생각하며 바르게 따라 써 보세요.

　　종이컵　이야기

　　종이컵은　편리하게
컵을　사용하기　위하
여　발명되었습니다.
종이컵은　유리컵과는
달리　쉽게　깨지지
않기　때문에　어린아

이나 할아버지, 할머니께서는 아주 편리한 물건입니다. 그리고 종이컵은 씻지 않아도 되기 때문에 간편하게 사용할 수 있습니다.

종이컵을 만들기 위해서는 여러 가지 재료가 필요합니다. 먼저, 종이의 원료가 되는 나무가 필요합니다. 그리고 물이 필요합니다. 종이컵

한 개를 만들려면 우리가 학교에서 마시는 우유 한 갑의 양만큼 물이 있어야 합니다. 종이컵을 많이 쓰면 쓸수록 나무와 물이 점점 많이 소모됩니다. 그러니까 종이컵을 쓰면 나무와 물도 그만큼 많이 쓰게 되는 것입니다.

 사용한 종이컵은 재활용할 수 있습니

다. 종이컵을 재활용
하여 화장지나 종이
봉투 등 다른 물건
을 만들 수 있습니
다. 종이컵 예순다섯
개로 화장지 한 개
를 만들 수 있습니

 글을 읽고 다음에 예쁘게 따라 써보세요.

국어 활동-224쪽

아씨방 일곱 동무

옛날에 빨강 두건을 쓰고 바느질을 즐겨 하는 부인이 있어 '빨강 두건 아씨'라고 했습니다. 빨강 두건 아씨에게는 손끝을 늘 떠나지 않는 일곱 동무가 있었는데 자, 가위. 바늘, 실, 골무, 인두, 다리미가 그들이었어요.

하루는 빨강 두건 아씨가 살짝 낮잠이 든 사이에 자 부인이 큰 키를 뽐내며 말했습니다.

"아씨가 바느질을 잘 해내는 건 다 내 덕이라고. 옷감의 좁고 넓음, 길고 짧음이 나 없이 가려지기나 할 것 같아? 흥, 어림없는 소리. 그러니 우리 중에서 제일 중요한 건 바로 나라고!"

그 말을 듣고 가위 색시, 입을 삐죽이며 따지듯 말했습니다.

"아니, 형님 지금 무슨 소릴 하고 있어요? 내 덕은 몰라라, 형님 자랑만 하는군요. 잘 재어 본들 자르지 않으면 무슨 소용이 있나요? 내가 나서야 일이 된다고요."

그러자 듣고만 있던 새침데기 바늘 각시, 따끔하게 쏘듯 한마디 합니다.

"형님들, 자로 재고 가위로 자른대서 옷이 되나요? 구슬이 서 말이라도 꿰어야 보배! 내가 이 솔 저 솔 꿰매고 나서야 입을 옷이 되지 않나요? 내가 없으면 바느질은 절대로 할 수 없어요."

원고지 쓰기를 생각하며 바르게 따라 써 보세요.

아씨방 일곱 동무

옛날에 빨강 두건을 쓰고 바느질을 즐겨 하는 부인이 있어 '빨강 두건 아씨'라고 했습니다.

빨강 두건 아씨에게

는 손끝을 늘 떠나지 않는 일곱 동무가 있었는데 자, 가위, 바늘, 실, 골무, 인두, 다리미가 그들이었어요.
하루는 빨강 두건

아씨가 살짝 낮잠이
든 사이에 자 부인
이 큰 키를 뽐내며
말했습니다.
"아씨가 바느질을
잘 해내는 건 다
내 덕이라고. 옷감

의 좁고 넓음, 길고 짧음이 나 없이 가려지기나 할 것 같아? 흥, 어림없는 소리. 그러니 우리 중에서 제일 중요한 건 바로 나라고!"

그 말을 듣고 가위 색시, 입을 삐죽이며 따지듯 말했습니다.

"아니, 형님 지금 무슨 소릴 하고

있어요? 내 덕은
몰라라, 형님 자랑
만 하는군요. 잘
재어 본들 자르지
않으면 무슨 소용
이 있나요? 내가
나서야 일이 된다

고요."

그러자 듣고만 있던 새침데기 바늘각시, 따끔하게 쏘듯 한마디 합니다.

"형님들, 자로 재고 가위로 자른대

서 옷이 되나요?

구슬이 서 말이라

도 꿰어야 보배!

내가 이 솔 저

솔 꿰매고 나서야

입을 옷이 되지

않나요? 내가 없

원고지 쓰기

6. 본문 쓰기(대화 쓰기1)

> 대화는 전체를 한 칸 들여 씁니다. 따라서 대화와 설명하는 글이 섞여 있을 때는 설명하는 글은 다른 글과 같은 규칙을 따르며, 대화는 전체를 한 칸 들여써야 합니다.

예1 (0)

	하	루	는		빨	강		두	건		아	씨	가
살	짝		낮	잠	이		든		사	이	에		자
부	인	이		큰		키	를		뽐	내	며		말
했	습	니	다	.									
	"	아	씨	가		바	느	질	을		잘		해
	내	는		건		다		내		덕	이	라	고.
	옷	감	의		좁	고	,	넓	음	,		길	고
	짧	음	이		나		없	이		가	려	지	기
	나		할		것		같	아	?		흥	,	어
	림	도		없	는		소	리	.		그	러	니
	우	리		중	에	서		제	일		중	요	한

원고지 쓰기

예2 (x)

　하루는 빨강 두건 아씨가 살짝 낮잠이 든 사이에 자부인이 큰 키를 뽐내며 말했습니다.
"아씨가 바느질을 잘 해내는 건 다 내 덕이라고. 옷감의 좁고, 넓음, 길고 짧음이 나 없이 가려지기나 할 것 같아? 흥, 어림도 없는 소리. 그러니 우리 중에서 제일 중요한 건 바로 나라고!"
　말을 듣고 가위 색시, 입 삐죽이며 따지듯 말했습니다.

🐟 글을 읽고 다음에 예쁘게 따라 써보세요.

> 국어 활동 208쪽

무녀리네 엄마 개순이

　은미네 개순이가 새끼를 뱄습니다. 몸이 무거운 개순이는 개집에 길게 누워 온종일 잠만 잤습니다. 가늘고 긴 다리로 어기적어기적 걸을 때면 축 늘어진 뱃가죽이 출렁거려 보기에도 안쓰러웠습니다.

　은미는 개순이 배 속에 새끼들이 몇 마리나 들었는지 궁금했습니다. 자고 있는 개순이 배를 쓰다듬어 보려다 혼쭐이 나곤 했습니다. 손도 대기 전에 콧등을 씰룩거리며 으르렁거리던 개순이가 오늘은 만사가 다 귀찮은지 잠자고 있었습니다.

어머니가 북엇국에 밥을 말아서 개순이 밥그릇에 한 가득 부어 주었습니다.

"힘들이지 말고 쑥쑥 낳거라."

어머니가 개순이 젖꼭지를 짜 보고 말했습니다.

"은미 아버지, 아무래도 오늘 날 잡을 것 같아요. 창고에 가마니 깔고 거적을 씌워줘야겠어요."

"엄마, 개순이 오늘 새끼 낳아?"

"그럴 것 같다. 창고 근처에는 얼씬도 말고 모른 척해라."

은미는 개순이가 어떻게 새끼를 낳는지 보고 싶었습니다. 몇 마리나 낳을지도 궁금했습니다.

아버지가 창고 안에 쌓아 둔 물건들을 대충 치우고 개순이가 누울 자리를 마련했습니다.

개순이가 창고 안으로 자리를 옮긴 다음, 은미는 저녁내 창고 앞에서 서성이며 무슨 기척이 없나 귀 기울였습니다.

그런 은미를 보고 어머니가 혀를 차며 나무랐습니다.

"은미야, 이리와! 개순이 신경이 예민해져 있는데 자꾸 들여다보면 안 돼."

"조용히 보면 안 돼? 숨소리도 안 내면 되잖아."

"부정 타면 제 새끼 삼키는 수도 있대. 그러니 말 들어!"

어머니 말에 은미는 방으로 들어왔습니다. 방 안에 앉아 있어도 마음은 창고 앞에 가 있었습니다. 바스락 소리만 나도 방문을 열고 달려 나가 창고 쪽을 바라보았습니다.

목을 빼고 기다리다 지친 은미가 꽃잠이 들었을 때였습니다. 잠결에 개순이 울부짖는 소리가 들렸습니다. 은미는 벌떡 일어나 부리나케 달려 나왔습니다.

어머니, 아버지도 달려 나와 창고 안을 엿보고 계셨습니다.

개순이가 앞발로 가마니를 북북 긁으며 울었습니다. 몸뚱이와 발가락에 지푸라기를 뒤집어쓴 개순이가 가쁜 숨을 쉬며 어쩔 줄 몰라 했습니다. 몸부림을 치던 개순이가 목을 길게 빼고 안간힘을 썼습니다.

원고지 쓰기를 생각하며 바르게 따라 써 보세요.

		무	녀	리	네		엄	마	
					개	순	이		
	은	미	네		개	순	이	가	
	새	끼	를		뱄	습	니	다	.	몸
이		무	거	운		개	순	이	는
개	집	에		길	게		누	워	
온	종	일		잠	만		잤	습	니

다. 가늘고 긴 다리로 어기적어기적 걸을 때면 축 늘어진 뱃가죽이 출렁거려 보기에도 안쓰러웠습니다.

은미는 개순이 배

속에 새끼들이 몇 마리나 들었는지 궁금했습니다. 자고 있는 개순이 배를 쓰다듬어 보려다 혼쭐이 나곤했습니다. 손도 대기 전에 콧등을 씰룩거리며 으르렁거리던 개순이가 오늘은 만사가 다 귀찮은지 잠자코 있었습니다.

 어머니가 북엇국에 밥을 말아서 개순이

밥그릇에 한가득 부어 주었습니다.
"힘들이지 말고 쑥쑥 낳거라."
어머니가 개순이 젖꼭지를 짜 보고.
말했습니다.

"은미 아버지, 아무래도 오늘 날 잡을 것 같아요. 창고에 가마니 깔고 거적을 씌워 줘야겠어요."

"엄마, 개순이 오

늘 새끼 낳아?"

"그럴 것 같다.

창고 근처에는 얼

씬도 말고 모른

척해라."

은미는 개순이가

어떻게 새끼를 낳는

지 보고 싶었습니다.
몇 마리나 낳을지도
궁금했습니다.

 아버지가 창고 안
에 쌓아 둔 물건들
을 대충 치우고 개
순이가 누을 자리를

마련했습니다.

　개순이가 창고 안으로 자리를 옮긴 다음, 은미는 저녁내 창고 앞에서 서성이며 무슨 기척이 없나 귀 기울였습니다.

그런 은미를 보고

어머니가 혀를 차며

나무랐습니다.

"은미야, 이리 와!

개순이 신경이 예

민해져 있는데 자

꾸 들여다보면 안

돼."

"조용히 보면 안 돼? 숨소리도 안 내면 되잖아."

"부정 타면 제 새끼 삼키는 수도 있대. 그러니 말

들어!"

 어머니 말에 은미는 방으로 들어왔습니다. 방 안에 앉아 있어도 마음은 창고 앞에 가 있었습니다.

 바스락 소리만 나도

방문을 열고 달려
나가 창고 쪽을 바
라보았습니다.
목을 빼고 기다리
다 지친 은미가 꽃
잠이 들었을 때였습
니다. 잠결에 개순이

울부짖는 소리가 들렸습니다. 은미는 벌떡 일어나 부리나케 달려 나왔습니다.

어머니, 아버지도 달려 나와 창고 안을 엿보고 계셨습니

원고지 쓰기

7. 본문 쓰기(대화 쓰기 2)

대화는 큰 따옴표(" ")로 나타내며, 짧아도 한 대화가 끝나면 줄을 바꿔 씁니다.

예1 (x)

개	순	이		밥	그	릇	에		한	가	득		부
어		주	었	습	니	다	.		"	힘	들	이	지
	말	고		쑥	쑥		낳	거	라	.	"		
	어	머	니	가		개	순	이		젖	꼭	지	를
짜		보	고		말	했	습	니	다	.	"	은	미
아	버	지	,	아	무	래	도		창	고	에		
kkk| 가	마	니		깔	고		거	적	을		씌	워	
줘	야	겠	어	요	.	"							
	"	엄	마	,	개	순	이		오	늘		새	끼
낳	아	?	"		"	그	럴		것		같	다	.
	창	고		근	처	에	는	,	얼	씬	도		말

원고지 쓰기

대화 쓰기

짧아도 한 대화가 끝나면 줄을 바꿔 씁니다. 이때 앞줄에 빈 칸이 남으면 비워 두어야 합니다.

예1 (O)

개	순	이		밥	그	릇	에		한	가	득		부
어		주	었	습	니	다	.						
	"	힘	들	이	지		말	고		쑥	쑥		낳
	거	라	. "										
	어	머	니	가		개	순	이		젖	꼭	지	를
짜		보	고		말	했	습	니	다	.			
	"	은	미		아	버	지	,	아	무	래	도	
창	고	에		가	마	니		깔	고		거	적
을		씌	워		줘	야	겠	어	요	. "			
	"	엄	마	,	개	순	이		오	늘		새	끼
낳	아	? "											
	"	그	럴		것		같	다	.		창	고		근

🐦 글을 읽고 다음에 예쁘게 따라 써보세요.

국어활동-254쪽

짜장, 짬뽕, 탕수육

 새봄을 시샘하듯 꽃샘추위가 대단합니다. 옷깃을 여미며 사람들이 가게 앞을 종종걸음으로 지나갑니다. 종민이 아버지와 어머니는 일찍부터 장사 준비를 합니다. 어머니는 양파 껍질을 한 켜 한 켜 벗겨서 바구니에 수북하게 모아갑니다. 아버지는 당근, 오이 등을 또닥 또닥 자릅니다.
 늘 그렇듯이 온통 짜장, 짬뽕, 탕수육, 잡채밥 등을 만드는 재료로 가득합니다.
 장미반점은 종민이네 가게 이름입니다.

종민이는 얼른 얼굴을 씻고 학교에 갈 준비를 합니다. 개학한지 며칠이 안 돼서 아침 일찍 일어나는 것이 꽤 힘듭니다. 게다가 도시로 이사 와서 더욱 낯설고 두렵지만 종민이네 가족은 모두 하나 되어 열심히 일합니다.

어머니가 차려 놓은 아침밥을 후다닥 비우고 학교로 갑니다. 어머니가 싸 주신 따뜻한 밥과 짜장이 들어 있는 도시락 가방이 종민이 어깨 위에서 달랑달랑 쫓아옵니다.

교실에선 아이들이 서너 명씩 모여 이야기꽃을 피웁니다. 새로 만난 아이들보다 2학년 때 같은 반 아이들끼리 이야기합니다. 새 선생님은 어떻고, 누구는 어떻고, 교실은 어떻고, 재잘재잘 시간 가는 줄 모릅니다. 종민이는 덩그렇게 자리만 지키고 있습니다.

"왕, 거지, 왕, 거지,……?

종민이가 소변기 앞에 서서 지퍼를 내리고 있을 때, 덩치가 제법 큰 아이가 화장실 소변기를 향하여 소리치며 '왕'이라고 정한 자리에 가서 섭니다. 다음에 들어오는 아이들도 눈치로 알았는지 빈 자리에는 서지 않습니다.

종민이는 오줌을 누다 말고 어안이 벙벙합니다. 종민이만 거지 자리에서 오줌을 눕니다.

"거지래요, 거지래요."

원고지 쓰기를 생각하며 바르게 따라 써 보세요.

짜장, 짬뽕, 탕수육

새봄을 시샘하듯

꽃샘추위가 대단합니

다. 옷깃을 여미며

사람들이 가게 앞을

종종걸음으로 지나갑

니다. 종민이 아버지

와 어머니는 일찍부터 장사 준비를 합니다. 어머니는 양파 껍질을 한 켜 한 켜 벗겨서 바구니에 수북하게 모아니깝니다. 아버지는 당근,

오이 등을 또닥또닥
자릅니다.

  늘 그렇듯이 온통
짜장, 짬뽕, 탕수육,
잡채밥 등을 만드는
재료로 가득합니다.

  장미반점은 종민이

네 가게 이름입니다.

 종민이는 얼른 얼른 얼굴을 씻고 학교에 갈 준비를 합니다. 개학한지 며칠이 안 돼서 아침 일찍 일어나는 것이

꽤 힘듭니다. 게다가
도시로 이사 와서
더욱 낯설고 두렵지
만 종민이네 가족은
모두 하나 되어 열
심히 일합니다.
　어머니가 차려 놓

은 아침밥을 후다닥 비우고 학교로 갑니다. 어머니가 싸 주신 따뜻한 밥과 짜장이 들어 있는 도시락 가방이 종민이 어깨 위에서 달랑달랑 쫓아옵니다.

 교실에선 아이들이 서너 명씩 모여 이야기꽃을 피웁니다.

새로 만난 아이들보다 2학년 때 같은 반 아이들끼리 이야기합니다. 새 선생님은 어떻고, 누구는 어떻고, 교실은 어떻고, 재잘재잘 시간 가는 줄 모릅니다.

종민이는 덩그렇게 자리만 지키고 있습

니다.

 "왕, 거지, 왕, 거지, ……."

 종민이가 소변기 앞에 서서 지퍼를 내리고 있을 때, 덩치가 제법 큰 아이가 화장실 소변기를 향하여 소리치며 '왕'이라고 정한 자리에 가서 섭니다. 다음에 들어오는 아이들도 눈치로 알았는지 빈자리에는 서지 않습니다.

 종민이는 오줌을 누다 말고 어안이 벙벙합니다. 종민이만 거지 자리에서 오줌을 눕니다.

 "거지래요, 거지래

원고지 쓰기

8. 끝칸 쓰기

> 낱말이 줄의 끝에서 끝나고 부호를 써야할 때, 원고지 밖에 쓰던가 끝칸의 글자와 같이 씁니다. 이때 원고지 밖에 띄어 쓰기 표시를 해도 됩니다.

예1 (x)

	봄	을		시	샘	하	듯		꽃	샘	추	위	가
v	대	단	합	니	다	.		옷	깃	을		여	미	며
v	사	람	들	이		가	게		앞	을		종	종
걸	음	으	로		지	나	갑	니	다	.		종	민	이
v	아	버	지	와		어	머	니	는		일	찍	부

예2 (0)

	봄	을		시	샘	하	듯		꽃	샘	추	위	가	v
대	단	합	니	다	.		옷	깃	을		여	미	며
사	람	들	이		가	게		앞	을		종	종	걸
음	으	로		지	나	갑	니	다	.		종	민	이
아	버	지	와		어	머	니	는		일	찍	부	터

원고지 쓰기

낱말이 줄의 끝에서 끝나고 띄어쓰기 할 때도 다음 줄의 첫째 칸을 띄지 않습니다.

📖 글을 읽고 다음에 예쁘게 따라 써보세요.

국어 가-116쪽

꼴지라도 괜찮아

"힘껏 던져!"

친구들이 책가방을 향하여 얌체공을 던졌어요. 박 터뜨리기 연습을 하고 있는 거예요. 운동회가 코앞으로 다가왔지만 기찬이는 멀찍이 앉아 물끄러미 친구들을 쳐다보았어요.

'치 하나도 재미없어!'

기찬이는 운동에 자신이 없었거든요. 심술이 나 돌멩이를 발로 펑 차 버렸어요. 그런데 기찬이가 찬 돌멩이가 그만 책가방을 맞혀 버렸어요.

"으악!"

공책과 연필이 친구들의 머리 위로 우수수 쏟아졌어요.

"나기찬, 방해하지 말고 집에나 가!"

머리에 혹이 난 친구들이 화가 나서 한마디씩 거들었어요. 기찬이는 사과를 하려고 하였지만 할 말이 생각나지 않았어요.

"난 운동회가 정말 싫어!"

기찬이는 교문 밖으로 후다닥 달려 나갔어요. 그때 이호가 소리쳤어요.

"저것 봐 달리기도 엄청 느려!"

친구들이 손뼉을 치며 깔깔 웃었어요.

이튿날, 운동회에 나갈 선수를 뽑기로 하였어요. 모두 들뜬 마음으로 선생님의 말씀에 귀 기울였어요.

"제비뽑기로 선수를 뽑자. 누구나 한 경기씩 나갈 수 있도록 말이야."

"말도 안 돼. 가장 잘하는 사람이 나가야 하는 것 아닌가요?"

원고지 쓰기를 생각하며 바르게 따라 써 보세요.

꼴찌라도 괜찮아

"힘껏 던져!"

　친구들이 책가방을 향하여 얌체공을 던졌어요. 박 터뜨리기 연습을 하고 있는 거예요. 운동회가 코

앞으로 다가왔지만
기찬이는 멀찍이 앉
아 물끄러미 친구들
을 쳐다보았어요.
　　'치, 하나도 재미
없어!' 했습니다.
　기찬이는 운동에

자신이 없거든요. 심술이 나 돌멩이를 발로 뻥 차 버렸어요. 그런데 기찬이가 찬 돌멩이가 그만 책가방을 맞혀 버렸어요.

"으악!"

공책과 연필이 친구들의 머리 위로 우수수 쏟아졌어요.

"나기찬, 방해하지 말고 집에나 가!"

머리에 혹이 난

친구들이 화가 나서 한마디씩 거들었어요. 기찬이는 사과를 하려고 하였지만 할 말이 생각나지 않았어요.

"난 운동회가 정

말 싫어!"

기찬이는 교문 밖으로 후다닥 달려 나갔어요. 그때 이호가 소리쳤어요.

"저것 봐, 달리기도 엄청 느려!"

친구들이 손뼉을
치며 깔깔 웃었어요.
이튿날, 운동회에
나갈 선수를 뽑기로
하였어요. 모두 들뜬
마음으로 선생님의
말씀에 귀 기울였어

요.

"제비뽑기로 선수를 뽑자. 누구나 한 경기를 나갈 수 있도록 말이야."

"말도 안 돼. 가장 잘하는 사람이

🐟 글을 읽고 다음에 예쁘게 따라 써보세요.

국어 나-202쪽

내 동생 싸게 팔아요

짱짱이가 시장 가요. 동생 팔러 시장 가요. 뭐든지 다 파는, 우리 동네 길 건너 시장 가요.

"짱짱이 어디 가니?"

장난감 가게 언니가 물었어요.

"동생 팔러 시장 가요."

"동생을? 왜?"

"내 동생은요, 얼마나 얄미운데요. 나한테 대들고 나쁜 말도 하면서 엄마, 아빠 앞에선 예쁜 척해요."

"그렇게 얄미운 동생을 얼마에 팔려고?"

"인형 하나 주면 드릴게요."

"싫다, 나는. 인형은 팔면 되지만 네 동생을 어디다 쓰니?"

짱짱이가 시장 가요. 동생 팔러 시장 가요.

"짱짱이 어디 가니?"

빵집 아줌마가 물었어요.

"동생 팔러요."

"동생을? 왜?"

"내 동생은요, 욕심꾸러기 먹보예요. 자기 거 다 먹고, 내 거 엄마 거 다 달라 그래요."

"그런 먹보 동생을 누가 사겠니?"

원고지 쓰기를 생각하며 바르게 따라 써 보세요.

　　내 동생 싸게
　　　　팔아요.
　짱짱이가 시장 가
요. 동생 팔러 시장
가요. 뭐든지 다 파
는, 우리 동네 길
건너 시장 가요.

"짱짱이 어디 가
니?"

장난감 가게 언니
가 물었어요.

"동생 팔러 시장
가요."

"동생을? 왜?"

"내 동생은요, 얼마나 얄미운데요. 나한테 대들고 나쁜 말도 하면서 엄마, 아빠 앞에선 예쁜 척해요."

"그렇게 얄미운

동생을 얼마에 팔려고?"

"인형 하나 주면 드릴게요."

"싫다, 나는. 인형은 팔면 되지만 네 동생은 어디다

쓰니?"

짱짱이가 시장 가요. 동생 팔러 시장 가요.

"짱짱이 어디 가니?"

빵집 아줌마가 물

었어요.

  "동생 팔러요."

  "동생을? 왜?"

  "내 동생은요, 욕심꾸러기 먹보예요, 자기 거 다 먹고, 내 거 엄마 거

다 달라 그래요."

"그런 먹보 동생을 누가 사겠니?"

"좀 싸게 팔면 되지요."

"얼마나 싸게 팔건데?"

"원래는 인형이나 꽃이랑 바꾸려고 했는데요, 이젠 빵 하나만 줘도 팔 거예요."

"싫다, 나는 빵이야 먹을 수 있지

2014개편 국어 교과서
원고지 쓰기를 겸한
글씨 바로 쓰기 3-1

초판 발행 2014년 5월 15일

글 편집부

펴낸이 서영희 | **펴낸곳** 와이 앤 엠

편집 임명아

본문 인쇄 신화 인쇄 | **제책** 정화 제책

제작 이윤식 | **마케팅** 강성태

주소 120-100 서울시 서대문구 홍은동 376-28

전화 (02)308-3891 | Fax (02)308-3892

E-mail yam3891@naver.com

등록 2007년 8월 29일 제312-2007-000040호

ISBN 978-89-93557-51-0   63710

본사는 출판물 윤리강령을 준수합니다.